J'apprends l'anglais avec

PADDINGTON™

Dès 3 ans

Le cahier avec plein d'activités d'ANGLAIS

Corinne Touati
Professeur d'anglais

Comptines à écouter sur le site www.editions-bordas.fr
Évelyne Bodilis, Patricia Landry, Marie-Françoise Mornet

Illustrations additionnelles
Alexandre Bonnefoy

Bordas
pour apprendre autrement

Sommaire

Écoute sur le site Bordas tous les MOTS D'ANGLAIS que tu as appris et les COMPTINES pour t'entraîner à bien prononcer.

Who's who? • Qui est qui ? 4
The family • La famille COMPTINE 5
The house • La maison 6
The bedroom and the kitchen • La chambre et la cuisine 7
The bathroom or the living-room? • La salle de bains ou le salon ? 8
Knock Knock! • Toc toc toc ! COMPTINE 9
Clothes • Les vêtements 10
Head or feet? • Tête ou pieds ? 11
Breakfast • Le petit déjeuner 12
Jungle animals • Les animaux de la jungle 13
Eating and drinking • Manger et boire 14
The alphabet • L'alphabet COMPTINE 15
The face • Le visage 16
Arms and legs • Les bras et les jambes 17
Winter and summer • Hiver et été 18
Autumn and spring • Automne et printemps 19
Numbers • Les chiffres 20
On the road • Sur la route COMPTINE 21
The birthday party • La fête d'anniversaire 22
The school bag • Le cartable 23
School or home? • École ou maison ? 24
At school! • À l'école ! COMPTINE 25
Afternoon snack • Le goûter 26
Cat, dog... • Chat, chien... 27
Animals • Les animaux 28
Wild and dangerous • Sauvage et dangereux COMPTINE 29
Fast or slow? • Rapide ou lent ? 30
They have a sweet tooth! • Ils sont gourmands ! 31
Small or big? • Petit ou grand ? 32
Opposites • Les opposés COMPTINE 33
Long or short? • Long ou court ? 34
Pink or red? • Rose ou rouge ? 35
Happy or sad? • Heureux ou triste ? 36
The seaside • Le bord de mer 37
Man or woman? • Homme ou femme ? 38
One, two, three • Un, deux, trois COMPTINE 39
Green or orange? • Vert ou orange ? 40
Vegetables or fruit? • Légumes ou fruits ? 41
What are they doing? • Que font-ils ? 42
Expensive or cheap? • Cher ou bon marché ? 43
Hot or cold? • Chaud ou froid ? 44
On the beach • Sur la plage COMPTINE 45
Empty or full? • Vide ou plein ? 46
Tall or small? • Haut ou petit ? 47
Colours • Les couleurs 48
The cherry or the strawberry? • La cerise ou la fraise ? COMPTINE 49
On the table • Sur la table 50
Fat or thin? • Gros ou mince ? 51
Actions • Les actions 52
Run and jump! • Cours et saute ! COMPTINE 53
Hallowe'en or Christmas? • Halloween ou Noël ? 54
Flags • Les drapeaux 55
London • Londres 56
Let's go shopping! • Faisons les courses ! COMPTINE 57
Blue or yellow? • Bleu ou jaune ? 58
What do you like eating? • Qu'aimes-tu manger ? 59
Sports • Les sports 60
Balls and balloons • Des balles et des ballons COMPTINE 61
Hungry or thirsty? • Faim ou soif ? 62
Grey or brown? • Gris ou marron ? 63
Fancy dress • Les costumes 64
Jobs • Les métiers COMPTINE 65
Games and toys • Les jeux et les jouets 66
Planting and watering • Planter et arroser 67
Farm animals • Les animaux de la ferme 68
Hello cow! • Salut la vache ! COMPTINE 69
Beautiful or ugly? • Belle ou laide ? 70
The prince and his princess • Le prince et sa princesse 71
Christmas and Hallowe'en • Noël et Halloween 72
Hallowe'en song • La chanson d'Halloween COMPTINE 73
For lunch • Pour le déjeuner 74
Black or white? • Noir ou blanc ? 75
In the bathroom • Dans la salle de bains 76
Clean or dirty? • Propre ou sale ? COMPTINE 77
At the supermarket • Au supermarché 78
Where do they work? • Où travaillent-ils ? 79
Days • Les jours 80
Hello and goodbye • Bonjour et au revoir COMPTINE 81
Purple or white? • Violet ou blanc ? 82
Shapes • Les formes 83
Musical instruments • Les instruments de musique 84
In the sky • Dans le ciel COMPTINE 85
In town • En ville 86
Town or country? • La ville ou la campagne ? 87
Round or flat? • Rond ou plat ? 88
In the forest • Dans la forêt COMPTINE 89
Tous mes MOTS D'ANGLAIS classés par thèmes 90

 – ISBN 978-2-04-735644-9

Paddington t'emmène faire des activités avec ses amis

Ben

Ann

Mamie Koko

Papi Léon

Paddington

Emma

Noah

Lucas

Arthur et Jo

Micky et Cookie

Who's who?

Qui est qui ?

Je ne fais que des bêtises : j'ai mélangé les photos de l'album de Noah. Aide-moi à les remettre en place en reliant chaque photo à l'étiquette qui lui correspond.

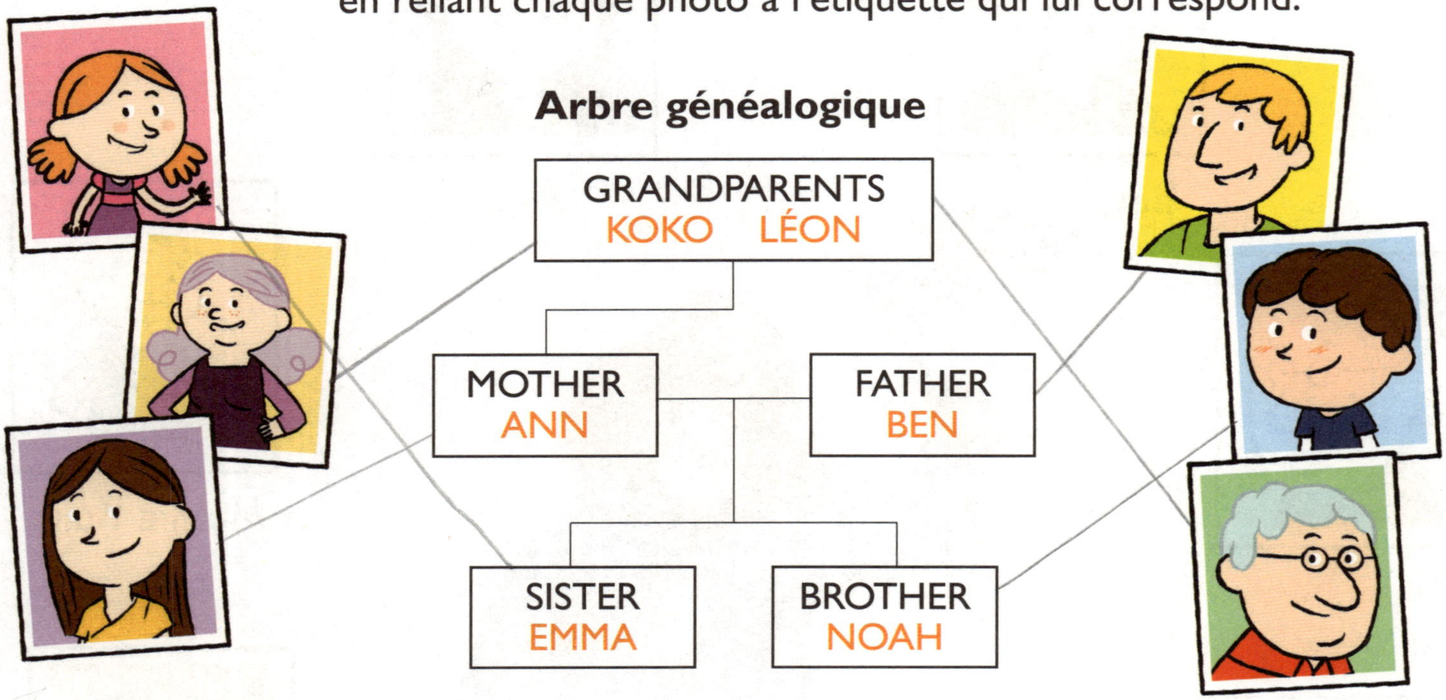

piste 1

MES MOTS D'ANGLAIS

Qui est-ce ?
Colorie l'étiquette qui convient.

SISTER | BROTHER

The family
La famille

piste 2 Écoute plusieurs fois la comptine. Entends-tu le mot **mummy** ?

Grandma has white hair,
grandpa has no hair.
Mummy has glasses,
and daddy a long nose.
How about your family?

Mamie a les cheveux blancs,
papi, plus de cheveux.
Maman a des lunettes,
et papa, un long nez.
Et ta famille à toi ?

MES MOTS D'ANGLAIS

The house
La Maison

Je dois fermer la porte (**door**) et ouvrir la fenêtre (**window**). Colorie en rouge ce que je dois fermer et en bleu ce que je dois ouvrir.

piste 3

MES MOTS D'ANGLAIS

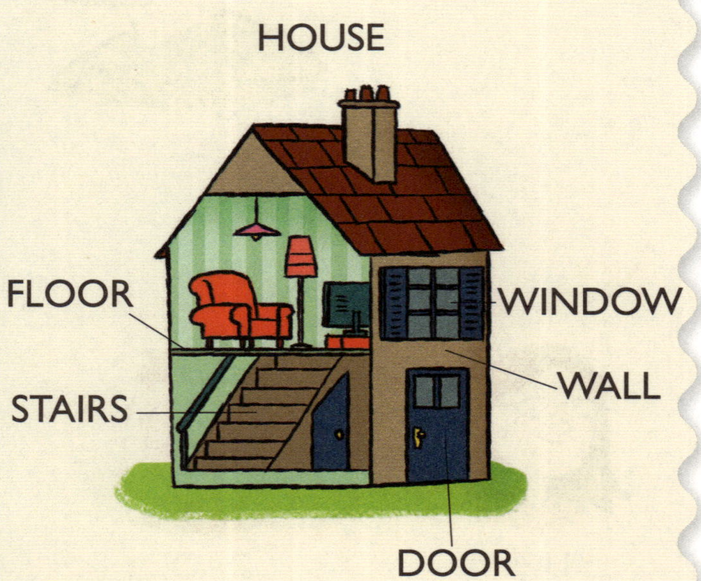

J'ai dessiné une maison (**house**). Termine mon dessin.

The bedroom and the kitchen

La chambre et la cuisine

Ce soir, je dors chez Lucas, mais je ne trouve plus mon lit (**bed**) ! Trouve le bon fil pour m'aider à le rejoindre.

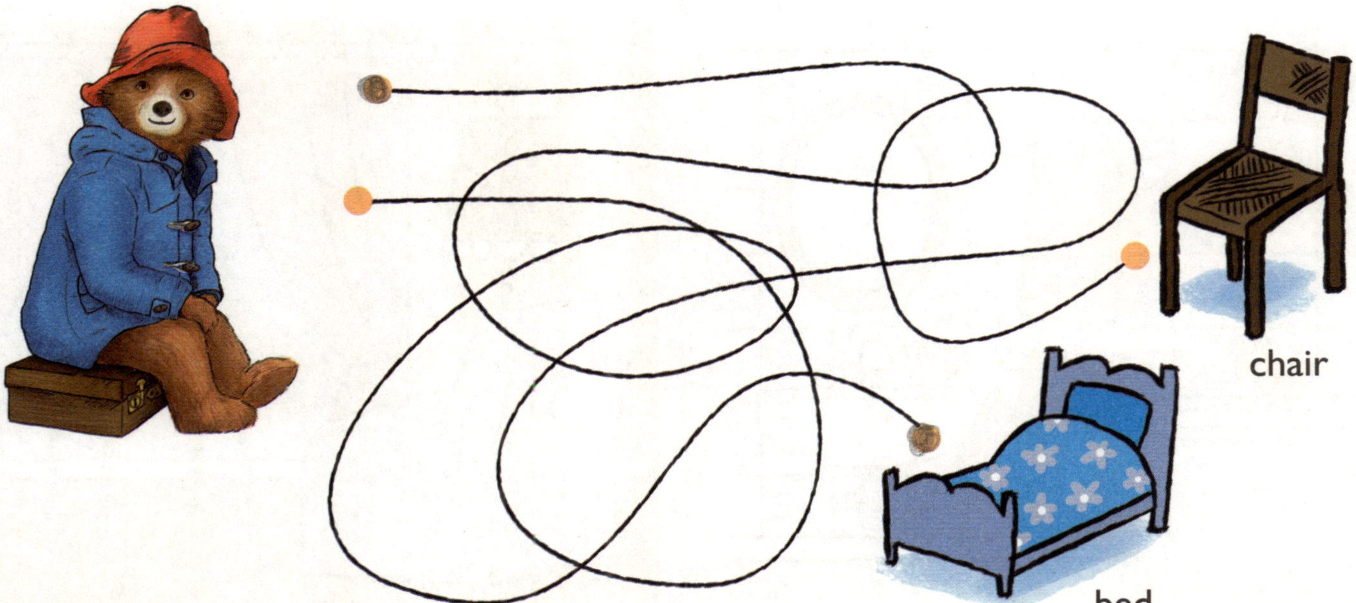

piste 4

MES MOTS D'ANGLAIS

BED

FRIDGE

TABLE

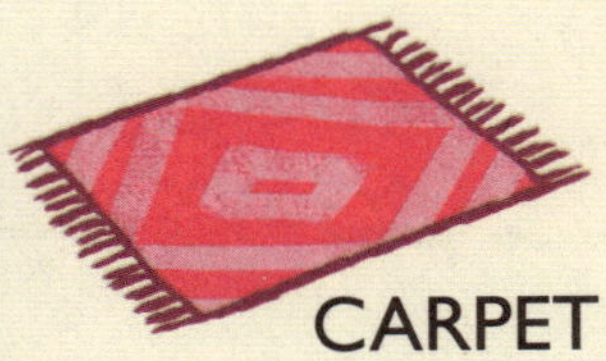

CARPET

CHAIR

Colorie les étiquettes qui désignent les objets que l'on peut trouver dans une cuisine (**kitchen**).

CARPET

FRIDGE

TABLE

The bathroom or the living room?

La salle de bains ou le salon ?

Le malicieux chat Micky s'est caché. Est-il dans le salon (**living room**) ou dans la salle de bains (**bathroom**) ? Colorie la réponse.

MES MOTS D'ANGLAIS

Les **I** et les **O** se sont effacés ! Repasse sur les lettres pour compléter le mot.

L I V I N G R O O M

Knock knock!

Toc toc toc !

piste 6 Écoute plusieurs fois la comptine et essaie de reconnaître le mot **house**.

Knock knock! Come in.
Open the book, open the door!
Hello, welcome to my new house!
My name's Piggie the pig.
Moving out, moving in.
Here's my new house,
isn't it lovely?

Toc toc toc ! Entrez.
Ouvre le livre, ouvre la porte !
Bonjour, bienvenue dans ma nouvelle maison !
Je m'appelle Piggie le cochon.
Je déménage, j'emménage.
Voici ma nouvelle maison, jolie,
tu ne trouves pas ?

MES MOTS D'ANGLAIS

BOOK

DOOR

PIG

HOUSE

Clothes

Les vêtements

Emma s'est déguisée avec les vêtements de Lucas. Que lui a-t-elle emprunté ? Entoure les vêtements sur le dessin et recopie leurs noms.

TIE TIE

SHIRT SHIRT

MES MOTS D'ANGLAIS

piste 7

DRESS

SHIRT

SOCKS

TIE

SKIRT

Colorie en respectant le code.

DRESS

SOCKS

Head or feet?

Tête ou pieds ?

Koko la grand-mère farfelue veut ranger son armoire. Mais elle ne s'y retrouve pas. Je l'aide : d'un côté ce qui se porte sur la tête (**head**), de l'autre ce que l'on met aux pieds (**feet**). Relie les dessins à l'endroit qui convient.

cap — slippers — shoes — hat

piste 8 MES MOTS D'ANGLAIS

Dans les dessins de cette page, 2 mots commencent par un **S**. Retrouve-les et recopie-les.

SHOES

Slippers

Breakfast

Le petit déjeuner

Ben a fait une farce à ses enfants au petit déjeuner. Entoure ce qui ne devrait pas se trouver sur la table.

piste 9 MES MOTS D'ANGLAIS

CEREAL

CHICKEN

COCOA

TOAST

MILK

Complète le mot **BREAKFAST**.

BREAKFAST

Jungle animals

Les animaux de la jungle

Avec mon pinceau j'ai oublié de peindre certaines parties des animaux. Complète-les, puis relie chaque animal à son étiquette.

MONKEY GIRAFFE LION

piste 10 MES MOTS D'ANGLAIS

Relie les étiquettes pour former des noms d'animaux.

TI	KEY
ZE	GER
MON	BRA

Eating and drinking

Manger et boire

Lucas a très soif. Léon, son grand-père, va au supermarché acheter des boissons. A-t-il mis dans son panier ce qu'il avait noté sur sa liste ? Écris ce qu'il manque.

tea........

MES MOTS D'ANGLAIS

piste 11

Colorie les œufs (**eggs**) en beige et le pain (**bread**) en marron.

The alphabet
L'alphabet

 piste 12 Écoute plusieurs fois la comptine et répète les quatre premières lettres de l'alphabet.

A, B, C, D,
listen to the CD.
E, F, G, H, I, J,
can you play?
K, L, M, N, O, P,
lovely!
Q, R, S, T, U, V,
let's watch TV.
W, X, Y, Z,
let's go to bed
instead!

A, B, C, D,
écoute le CD.
E, F, G, H, I, J,
veux-tu jouer ?
K, L, M, N, O, P,
super !
Q, R, S, T, U, V,
si on regardait la télévision ?
W, X, Y, Z,
allons plutôt au lit !

MES MOTS D'ANGLAIS

CD

TV

BED

The face

Le visage

Relie chaque mot à la partie de mon visage qu'il désigne.

EYE

MOUTH

EAR

NOSE

piste 13

MES MOTS D'ANGLAIS

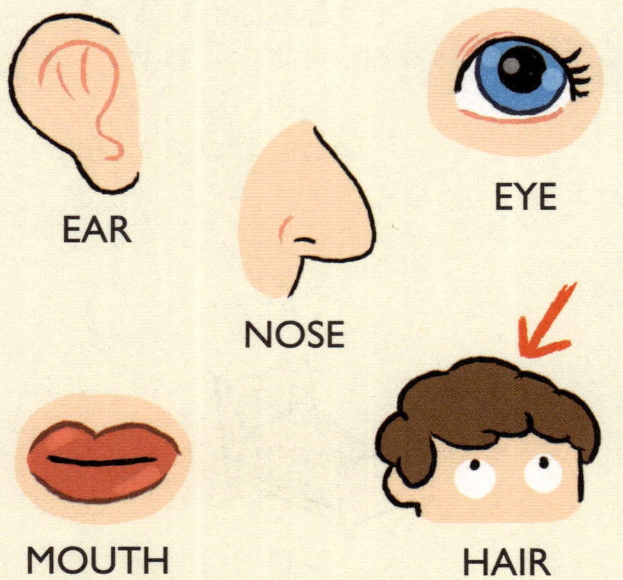

Colorie les lettres qui composent le mot **HAIR**.

A W I E

T N H R

Arms and legs
Les bras et les jambes

Aide-moi en terminant le dessin de la main, puis complète les mots **HAND**, **FINGER** et **NAIL**.

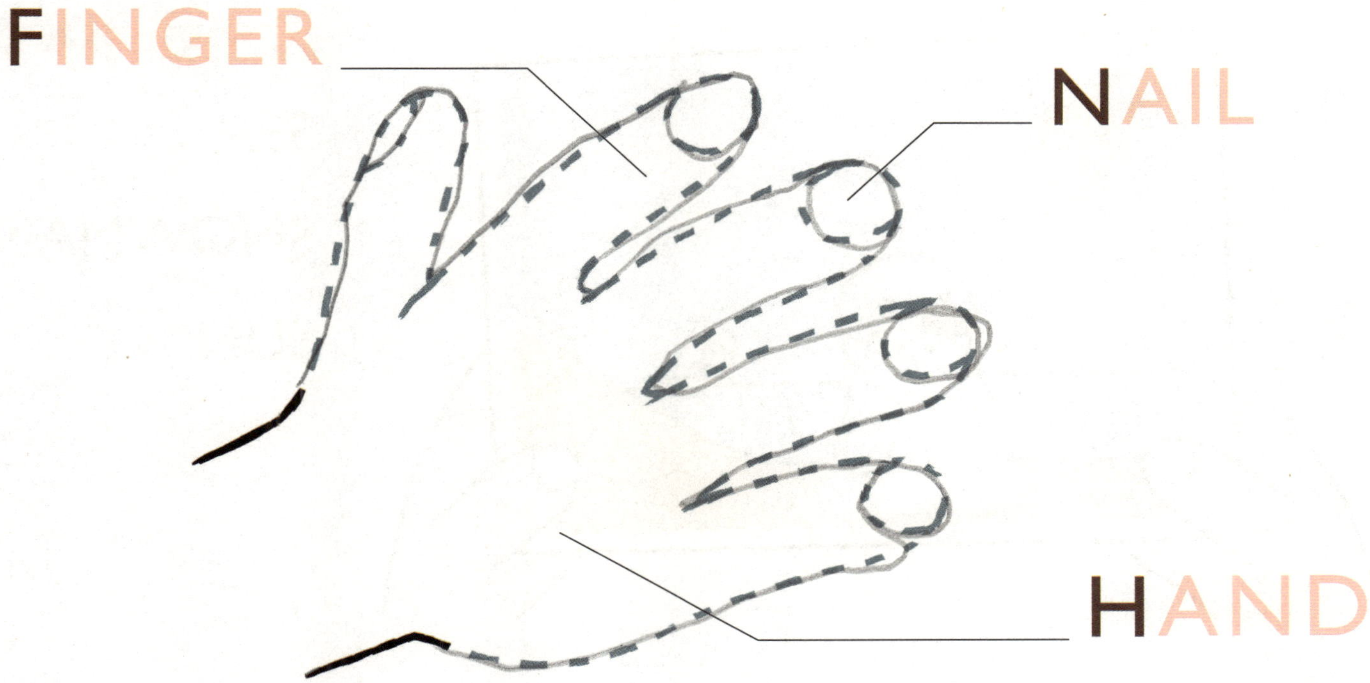

piste 14 MES MOTS D'ANGLAIS

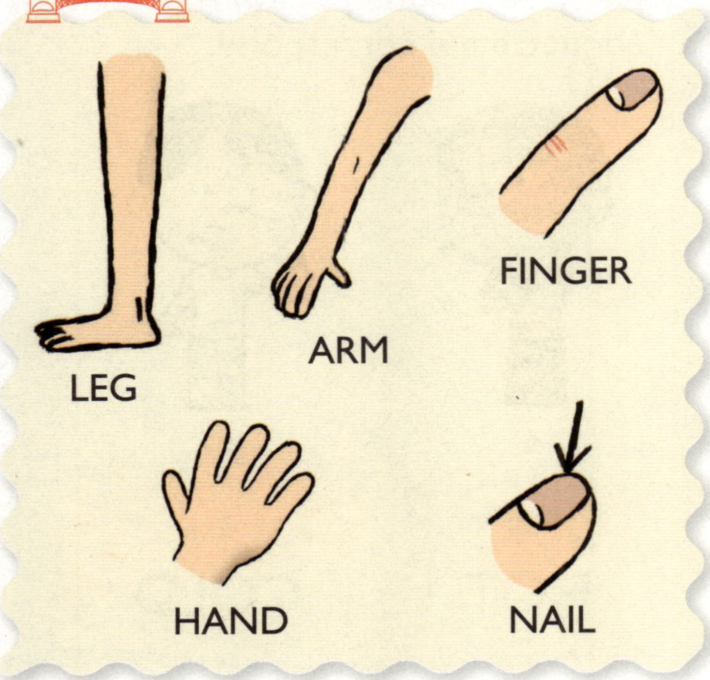

Il manque une jambe (**leg**) et un bras (**arm**) au robot. Dessine-les.

Winter and summer

Hiver et été

Lucas a reçu une carte postale. Repère et entoure ce qui te semble bizarre, puis coche le mot correspondant.

- [ ] SEA
- [x] SNOWMAN
- [ ] SUN

piste 15

MES MOTS D'ANGLAIS

Relie chaque personnage à l'étiquette qui correspond.

HOT COLD

Autumn and Spring

Automne et printemps

J'ai a fait un beau dessin de l'automne (**autumn**).
Relie les mots aux endroits qui correspondent sur le dessin.

piste 16 MES MOTS D'ANGLAIS

C'est le printemps (**spring**) !
Dessine une fleur (**flower**) et de l'herbe (**grass**).

Numbers
Les chiffres

Emma n'arrive pas à dormir car elle voit une drôle d'ombre sur le mur. Relie les chiffres de 1 à 5 pour découvrir ce qui lui fait peur.

piste 17

MES MOTS D'ANGLAIS

1 ONE

2 TWO

3 THREE

4 FOUR

5 FIVE

Combien y a-t-il d'étoiles ? Entoure la réponse.

THREE

FOUR

FIVE

On the road

Sur la route

piste 18 Écoute plusieurs fois la comptine et essaie de reconnaître le mot **car**.

Whizz, whizz : a car
to the left, a car to the right.
Honk, honk : a bus to the left,
a bus to the right.
Vroom, vroom : a motorcycle in front,
a lorry behind.
Here and there, watch out!
The street's very busy.

Whizz, whizz : une voiture
à gauche, une voiture à droite.
Tut, tut : un bus à gauche, un bus à droite.
Vroum, vroum : une moto devant, un camion derrière.
Ici, là, attention !
La rue est très animée.

MES MOTS D'ANGLAIS

CAR

BUS

MOTORCYCLE

LORRY

The birthday party

La fête d'anniversaire

Compte les bougies (**candles**) posées sur ce beau gâteau d'anniversaire (**birthday cake**). Qui fête son anniversaire ? Lucas ou Arthur ? Repère ce qui est dessiné sur leurs tee-shirts et relie le cadeau (**present**) à celui qui fête son anniversaire.

piste 19

MES MOTS D'ANGLAIS

PARTY

PRESENT

SWEET

BIRTHDAY CAKE

CANDLE

Remets ces bonbons dans l'ordre pour écrire le mot **SWEET**.

The school bag
Le cartable

Les cartables de mes amis Lucas et Jo se sont renversés. Aide-les à ranger en reliant chaque objet au cartable de la même couleur.

piste 20 MES MOTS D'ANGLAIS

Colorie l'objet qui sert à gommer et dis son nom en anglais.

School or home?

École ou maison ?

Relie chaque objet à l'étiquette qui lui correspond.

SCHOOL HOME

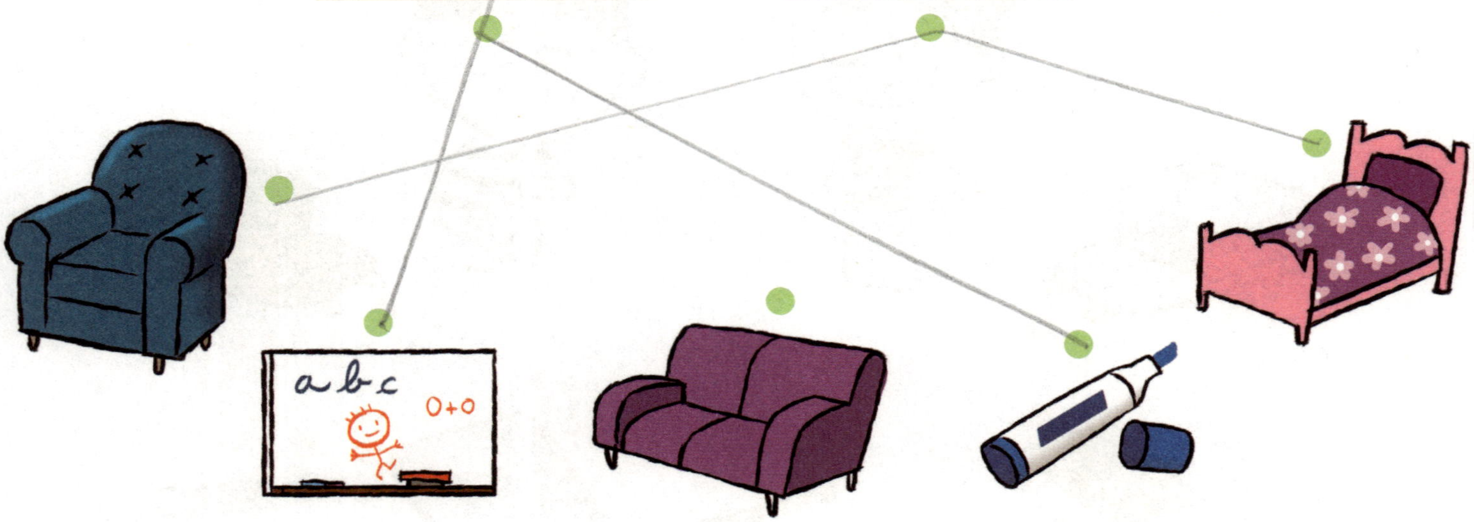

MES MOTS D'ANGLAIS

piste 21

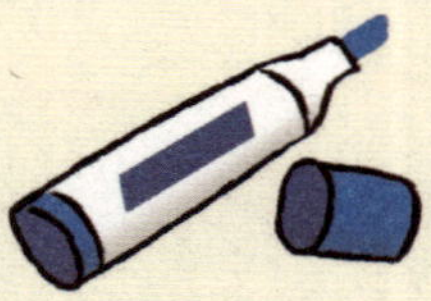

MARKER

BED

BOARD

SOFA

ARMCHAIR

Entraîne-toi à écrire les mots **SCHOOL** et **HOME**.

SCHOOL

HOME

At school!

À l'école !

 piste 22 Écoute plusieurs fois la comptine et essaie de repérer le mot **school**.

School is cool!
I paint colours,
I learn letters
and numbers.
And you know what?
My teacher is a cat!

L'école, c'est cool !
Je fais de la peinture,
j'apprends les lettres
et les chiffres.
Et tu sais quoi ?
Ma maîtresse est un chat !

MES MOTS D'ANGLAIS

COLOURS

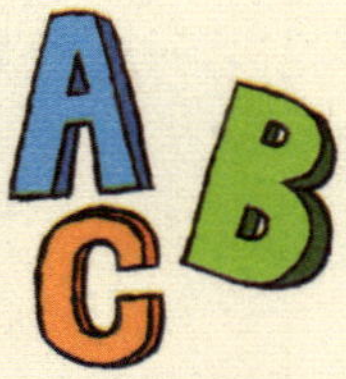
LETTERS

NUMBERS

TEACHER

Afternoon Snack

Le goûter

Maman Ann prépare notre goûter pour Lucas et moi. Aide-la en entourant les aliments qu'elle doit choisir.

MES MOTS D'ANGLAIS

SOUP

COOKIE

POTATO

STEAK

APPLE JUICE

Replace les lettres dans l'ordre pour écrire le mot **POTATO**.

O T P A T O

POTATO

Cat, Dog...

Chat, chien...

Relie chaque animal à son habitat puis entoure l'intrus.

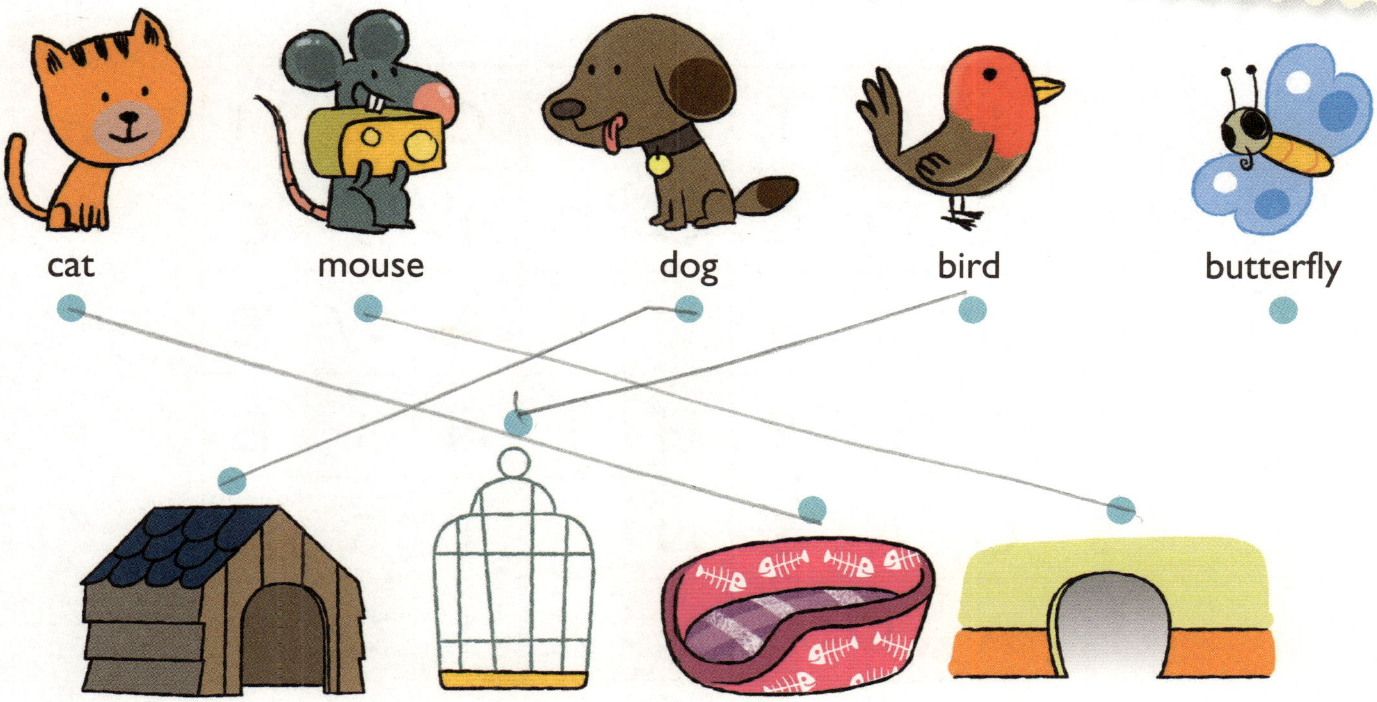

MES MOTS D'ANGLAIS

piste 24

Quel animal est caché dans la poche de Ben ? Entoure la réponse.

MOUSE

BIRD

Animals
Les animaux

Retrouve dans la grille les noms de 3 animaux qui vivent dans l'eau.

B	J	O	T	R	X	C	Z	M
C	R	O	C	O	D	I	L	E
F	A	E	S	C	B	R	W	Y
D	O	L	P	H	I	N	I	E
S	O	A	S	N	F	I	S	H
H	A	I	F	V	X	I	O	P

piste 25

MES MOTS D'ANGLAIS

DOLPHIN

CROCODILE

COW

FISH

PIG

Repasse sur les pointillés.
Quel animal découvres-tu ?
Colorie la bonne étiquette.

PIG COW

Wild and dangerous

Sauvage et dangereux

piste 26 Écoute plusieurs fois la comptine et essaie de repérer le mot **hippo**.

A wild animal at home,
that's my dream!
Take my bath with a hippo,
play with a monkey,
and run with a lion,
that would be so much fun!

Un animal sauvage à la maison,
c'est mon rêve !
Prendre mon bain avec un hippopotame,
jouer avec un singe,
et courir avec un lion,
ça serait vraiment amusant !

MES MOTS D'ANGLAIS

HIPPO

MONKEY

LION

Fast or slow?

Rapide ou lent ?

Aide-moi en entourant en bleu les animaux qui sont rapides (**fast**) et en rouge ceux qui sont lents (**slow**).

elephant

rabbit

tortoise

snail

tiger

piste 27

MES MOTS D'ANGLAIS

ELEPHANT

RABBIT

TORTOISE

TIGER

SNAIL

Complète ces noms d'animaux avec la lettre **T** ou **S**.

T ORTOISE

S NAIL

T IGER

They have a sweet tooth!

Ils sont gourmands !

J'ai joué un tour à Lucas. J'ai fait disparaître de la table quelque chose que Lucas adore manger. Entoure le nom de ce qui a disparu.

HONEY JAM BUTTER CHOCOLATE

MES MOTS D'ANGLAIS

piste 28

BUTTER

CHOCOLATE

HONEY

JAM

Emma est très gourmande. Dis le nom de ce qu'elle rêve de manger.

Small or big?

Petit ou grand ?

Pour jouer avec Arthur et Jo, Lucas choisit dans la caisse uniquement les grands jouets (**big**). Entoure les jouets qu'il va prendre.

MES MOTS D'ANGLAIS

piste 29

Relie ces 2 animaux aux étiquettes correspondantes.

BIG SMALL

Opposites

Les opposés

piste 30 Écoute plusieurs fois la comptine et essaie de repérer les mots **big** et **small**.

Big or small,
fast or slow,
red or purple,
green or yellow?
I see them all
through the window.

Petites ou grandes,
rapides ou lentes,
rouges ou violettes,
vertes ou jaunes ?
Je les vois toutes
par la fenêtre.

MES MOTS D'ANGLAIS

Long or short?

Long ou court ?

Mes amis jouent à la pêche à la ligne.
Dis le nom de l'objet attrapé par chacun d'entre eux.
Entoure l'objet le plus long (**long**).

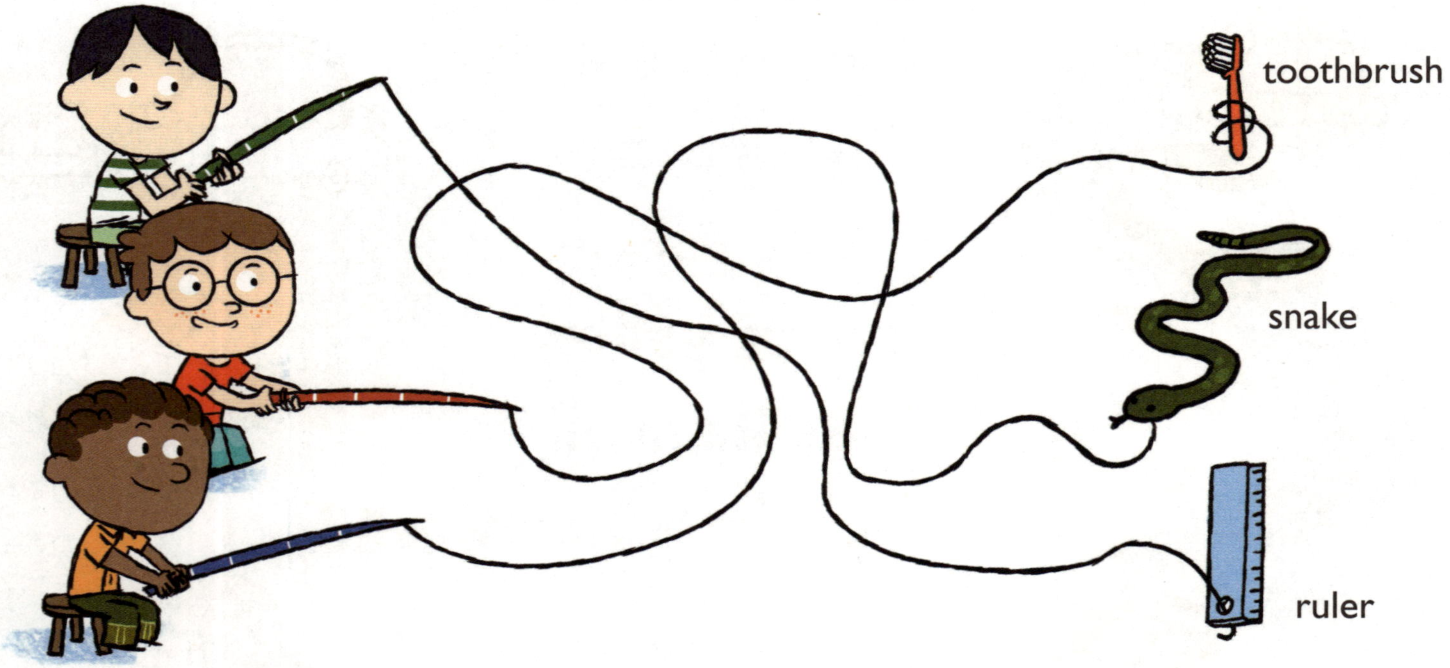

piste 31 MES MOTS D'ANGLAIS

Entoure le train court (**short**).

Pink or red?

Rose ou rouge ?

Fais une croix sur ce qui est rose (**pink**) et entoure ce qui est rouge (**red**).

poppy

raspberry

rose

tomato

strawberry

piste 32

MES MOTS D'ANGLAIS

Entraîne-toi à écrire le mot **RED**.

RED RED

Happy or sad?

Heureux ou triste ?

Lucas aime se promener autour de la mare avec sa grand-mère. Aujourd'hui, certaines des grenouilles ont l'air heureuses (**happy**) et d'autres tristes (**sad**). Relie chacune d'elles à l'étiquette qui lui correspond.

piste 33

MES MOTS D'ANGLAIS

CLOWN

FROG

HAPPY

SAD

Un clown est heureux (**happy**), l'autre est triste (**sad**). Complète les dessins.

The seaside
Le bord de mer

Noah, le frère de mon ami Lucas, ne fait que des bêtises. Il a caché des coquillages (**shells**) sur la plage (**beach**). Il y en a 4. Trouve-les et entoure-les.

piste 34

MES MOTS D'ANGLAIS

SAND

SHELL

SEA

BEACH

Par quelle lettre commencent ces 3 mots ? Complète-les.

☐ AND

☐ HELL

☐ EA

Man or woman?

Homme ou femme ?

Relie chaque personnage à **HE** si c'est un garçon, ou à **SHE** s'il s'agit d'une fille.

HE **SHE**

girl woman postman nurse man

piste 35

MES MOTS D'ANGLAIS

Écris le mot **GIRL**.

One, two, three

Un, deux, trois

piste 36 Écoute plusieurs fois la comptine et entraîne-toi à réciter les chiffres de 1 à 9.

One, two, three,
Suzie mousie
is in a hurry.
Four, five, six,
quick, quick,
it's late!
Seven, eight, nine,
nine o'clock,
time to dine.

Un, deux, trois,
Suzie souris
est pressée.
Quatre, cinq, six,
vite, vite,
il est tard !
Sept, huit, neuf,
neuf heures,
l'heure de dîner.

MES MOTS D'ANGLAIS

1	2	3	4	5	6	7	8	9
ONE	TWO	THREE	FOUR	FIVE	SIX	SEVEN	EIGHT	NINE

Green or orange?

Vert ou orange ?

Aujourd'hui, je ne voudrais manger que des aliments orange (**orange**). Barre ce que je ne prends pas sur la table. De quelle couleur sont les aliments que tu as barrés ? Dis la réponse en anglais.

piste 37 MES MOTS D'ANGLAIS

Colorie cet étrange bonhomme dessiné par Lucas.

- ● ORANGE
- ■ GREEN

Vegetables or fruit?

Légumes ou fruits ?

Place les fruits (**fruit**) et les légumes (**vegetables**) dans leur corbeille.

MES MOTS D'ANGLAIS

piste 38

Complète ces noms de fruits.

APPLE

PEAR

PLUM

What are they doing?

Que font-ils ?

Qui fait quoi ? Relie chaque personnage à l'étiquette qui lui correspond.

WRITE   SPEAK   LISTEN   LOOK

piste 39 MES MOTS D'ANGLAIS

Avec quoi peux-tu colorier (**colour**) ? Entoure la réponse.

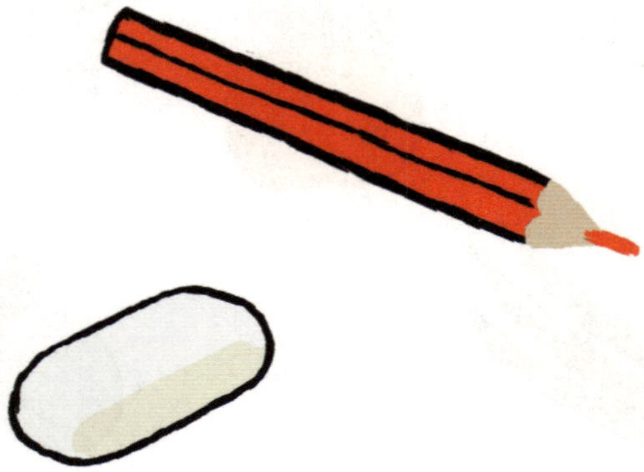

Expensive or cheap?

Cher ou bon marché ?

Maman Ann a donné de l'argent de poche à Lucas. Il aimerait bien tout acheter, mais il n'a que 6 euros. Entoure ce qu'il peut choisir.

piste 40 **MES MOTS D'ANGLAIS**

CAR

BIKE

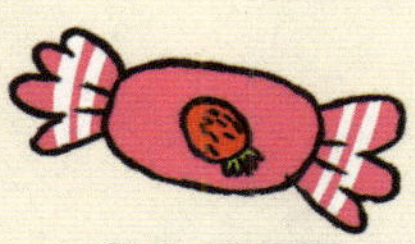

SWEET

HELICOPTER

KITE

Relie **CHEAP** à ce qui est bon marché et **EXPENSIVE** à ce qui est cher.

EXPENSIVE CHEAP

Hot or cold?

Chaud ou froid ?

Coche **HOT** (chaud) ou **COLD** (froid) pour chaque image.

☐ HOT
☐ COLD

☐ HOT
☐ COLD

☐ HOT
☐ COLD

☐ HOT
☐ COLD

☐ HOT
☐ COLD

MES MOTS D'ANGLAIS

piste 41

ICE CREAM

COFFEE

SNOW

DESERT

IGLOO

Complète les mots puis recopie-les.

HOT

COLD

On the beach

Sur la plage

piste 42 Écoute plusieurs fois la comptine et essaie de repérer le mot **sand**.

Take your bucket and take your spade,
let's build castles on the sand.
Here come the waves, quick, quick!
Too late! My beautiful castle tumbles down.

Prends ton seau et ta pelle,
on va construire des châteaux de sable.
Les vagues arrivent, vite, vite !
Trop tard ! Mon beau château s'est effondré.

MES MOTS D'ANGLAIS

BUCKET

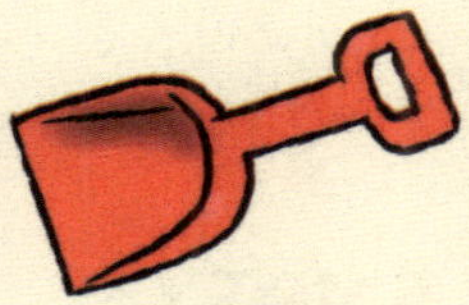

SPADE

SAND

CASTLE

Empty or full?

Vide ou plein ?

Micky a trop couru après la souris de mamie Koko. Il a très soif. Indique-lui les récipients qui sont pleins (**full**) en les entourant.

piste 43 MES MOTS D'ANGLAIS

Relie la bouteille vide à **EMPTY** et la bouteille pleine à **FULL**.

Tall or small?

Haut ou petit ?

Entoure en rouge ce qui est grand (**tall**) et en bleu ce qui est petit (**small**).

giraffe

mouse

house

tower

piste 44

MES MOTS D'ANGLAIS

GIRAFFE

MOUSE

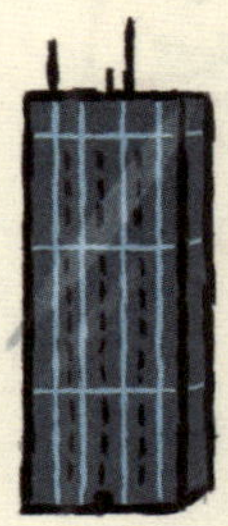

TOWER

HOUSE

KENNEL

Colorie en rouge ce qui est grand (**tall**) et en vert ce qui est petit (**small**).

Colours

Les couleurs

Aide-moi à colorier chaque dessin de la bonne couleur.

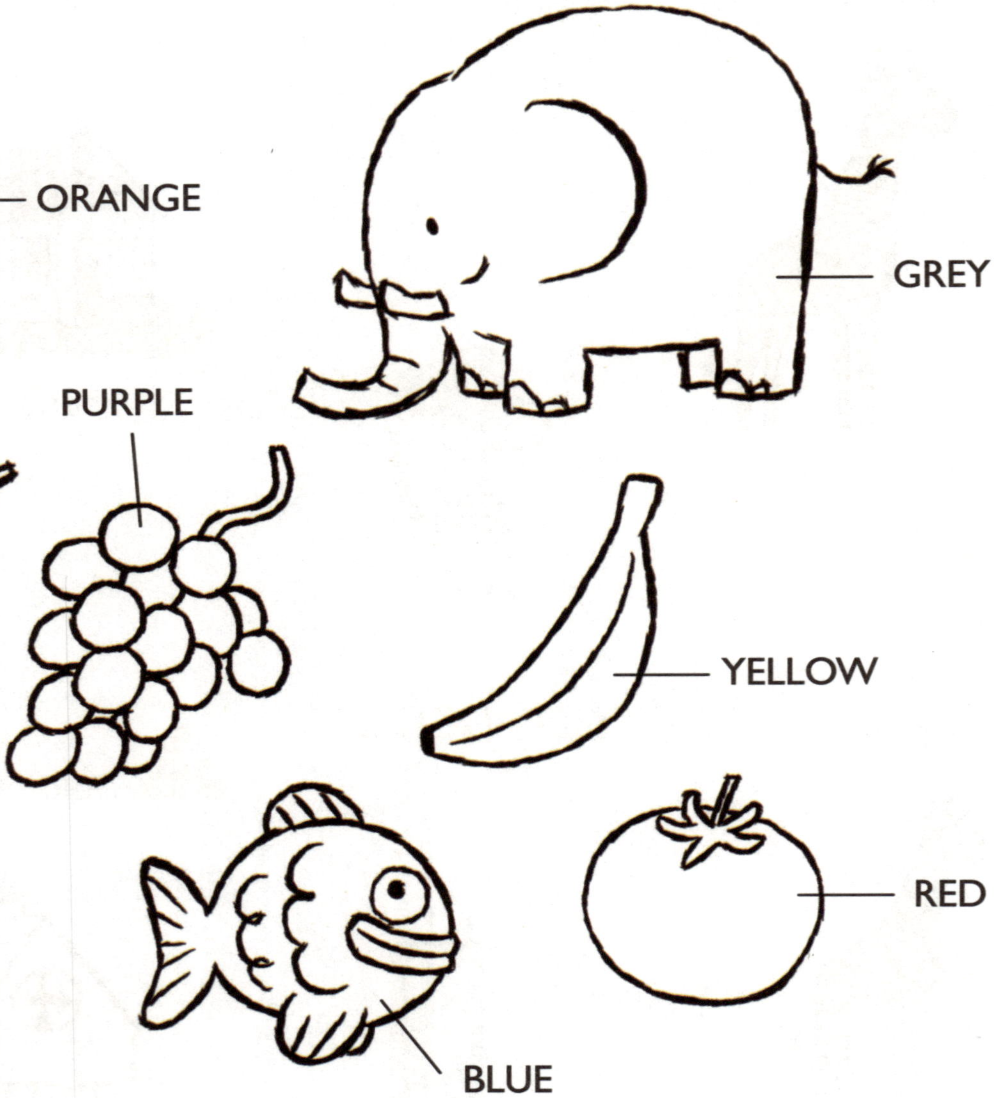

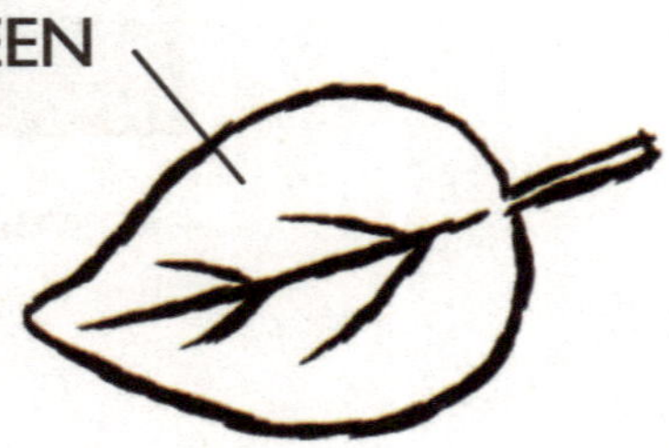

piste 45

MES MOTS D'ANGLAIS

BLUE GREEN YELLOW RED ORANGE GREY PURPLE

The cherry or the strawberry?

La cerise ou la fraise ?

piste 46 Écoute plusieurs fois la comptine. De quelle couleur sont la fraise et la cerise ? Dis la réponse en anglais.

Lovely and juicy,
that's the cherry!
Red and tasty,
what could it be?
I bet it's the strawberry.

Délicieuse et juteuse,
c'est la cerise !
Rouge et savoureuse,
qu'est-ce que cela peut bien être ?
Je parie que c'est la fraise.

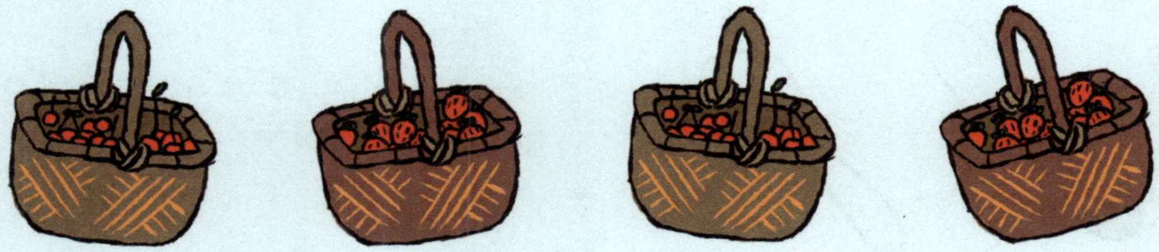

MES MOTS D'ANGLAIS

CHERRY

STRAWBERRY

RED

On the table

Sur la table

Relie chaque étiquette à l'objet qui correspond sur la table.

KNIFE SPOON FORK GLASS PLATE

MES MOTS D'ANGLAIS

piste 47

Entoure le nom de l'objet qui sert à boire.

FORK

GLASS

Fat or thin?

Gros ou mince ?

Drôle de labyrinthe ! Je ne dois emprunter que le chemin contenant les gros renards (**fat**) pour rentrer en classe. Aide-moi à trouver mon chemin.

piste 48 MES MOTS D'ANGLAIS

FOX

DINOSAUR

FAT

THIN

Colorie le dinosaure qui est mince (**thin**).

Actions

Les actions

Relie chaque dessin au verbe qui lui correspond.

WRITE	EAT	DRINK	WATCH

MES MOTS D'ANGLAIS

piste 33

Que fais-tu la nuit ?
Complète le mot.

S L ....

Run and jump!

Cours et saute !

piste 50 Écoute plusieurs fois la comptine et essaie de repérer le mot **run**.

Ready? Go!
Ride and swim,
we love it so!
Jump and run, that's real fun!

Prêts ? Partez !
Monter à cheval et nager,
on adore ça !
Sauter et courir, c'est vraiment super !

MES MOTS D'ANGLAIS

RIDE

SWIM

JUMP

RUN

Hallowe'en or Christmas?

Halloween ou Noël ?

Relie chaque dessin à la fête qui lui correspond.

HALLOWE'EN	CHRISTMAS

MES MOTS D'ANGLAIS

piste 51

BAT

SPIDER

STAR

PUMPKIN

FATHER CHRISTMAS

Relie dans l'ordre les lettres du mot **STAR** pour terminer le dessin.

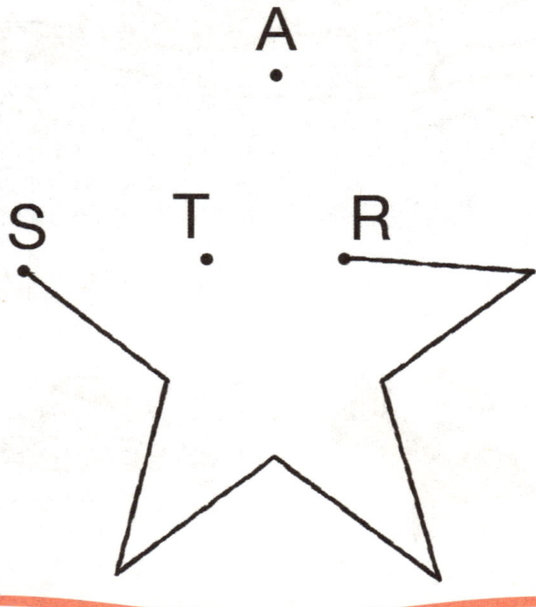

Flags
Les drapeaux

Colorie les drapeaux (**flags**) en suivant le modèle.

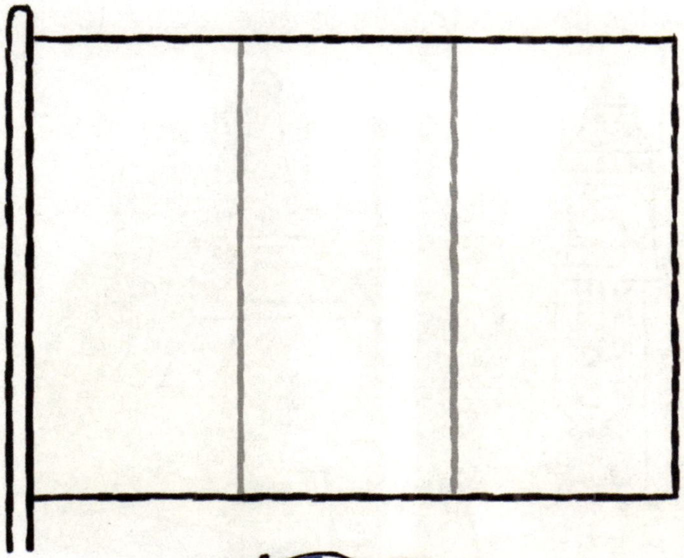

piste 52 MES MOTS D'ANGLAIS

FLAG

FRANCE

ENGLAND

ENGLISH BOY

Complète la bulle.

London

Londres

Koko emmène Lucas visiter Londres, la capitale de l'Angleterre. Quels beaux monuments vont-ils voir ? Un intrus s'est glissé dans les images. Trouve-le et entoure-le.

piste 53

MES MOTS D'ANGLAIS

DOUBLE DECKER

BUCKINGHAM PALACE

EIFFEL TOWER

BIG BEN

L'autobus anglais s'appelle **double-decker**.
Colorie-le en rouge (**red**).

Let's go shopping!

Faisons les courses !

piste 54 Écoute plusieurs fois la comptine et essaie de repérer le mot **basket**.

My purse is full of money,
but my basket's empty.
Shop, shop, shop!
Look, now, my basket's full...
but my purse is empty!

Mon porte-monnaie est rempli d'argent,
mais mon panier est vide.
Faisons les courses !
Regarde, maintenant, j'ai un panier plein...
mais un porte-monnaie vide !

MES MOTS D'ANGLAIS

PURSE

BASKET

MONEY

Blue or yellow?

Bleu ou jaune ?

Aide-moi à barrer ce qui n'est pas bleu (**blue**).

piste 55 **MES MOTS D'ANGLAIS**

Colorie ce qui est jaune (**yellow**).

What do you like eating?

Qu'aimes-tu manger ?

Lucas ne mange pas de tout. Barre ce qu'il n'aime pas puis coche les réponses.

- ☐ I LIKE
- ☐ I DON'T LIKE

- ☐ I LIKE
- ☐ I DON'T LIKE

MES MOTS D'ANGLAIS

piste 56

SPINACH

CHIPS

CORN

ONION

MUSHROOM

Que préfères-tu manger ? Colorie l'étiquette.

SPINACH

CHIPS

CORN

Sports
Les sports

Qu'utilises-tu, ta main ou ton pied, pour pratiquer ces sports (**sports**) ? Relie chaque personnage à l'étiquette qui convient.

HAND FOOT

piste 57 MES MOTS D'ANGLAIS

BASKET BALL

FOOTBALL

MARBLES

RUGBY BALL

TENNIS BALL

Lucas a un nouvel ami, Sasha, qui adore jouer au tennis et au football. Barre ce qui lui est inutile pour pratiquer ces sports.

Balls and balloons

Des balles et des ballons

piste 58 Écoute plusieurs fois la comptine et essaie de reconnaître le mot **ball**.

Up and down,
throw the ball,
up and down!
Quick, catch it!
Round and round,
turn until you fall,
round and round!

En haut, en bas,
lance la balle,
en haut, en bas !
Vite, attrape-la !
Tourne, tourne,
tant pis si tu tombes,
tourne, tourne !

MES MOTS D'ANGLAIS

UP

DOWN

BALL

Hungry or thirsty?

Faim ou soif ?

J'ai très faim (**hungry**) et très soif (**thirsty**). Que puis-je manger et boire ? Relie les dessins à l'étiquette qui convient.

HUNGRY THIRSTY

piste 59 **MES MOTS D'ANGLAIS**

HAMBURGER

WATERMELON

MILK

APPLE JUICE

CHEESE

Relie chaque dessin au mot qui convient.

THIRSTY HUNGRY

Grey or brown?

Gris ou marron ?

Je rends visite à mes copains Jo et Arthur.
Je dois suivre les pierres marron (**brown**) pour y arriver.
Aide-moi en traçant le bon chemin (**path**).

piste 60

MES MOTS D'ANGLAIS

Colorie en marron (**brown**) ou en gris (**grey**).

Fancy dress

Les costumes

Mes amis adorent se déguiser le mercredi après-midi. En quoi se sont-ils déguisés ? Relie chaque enfant à l'étiquette qui correspond.

RACING DRIVER | PAINTER | ACTOR | POLICEMAN

piste 61

MES MOTS D'ANGLAIS

ACTOR

POLICEMAN

PAINTER

RACING DRIVER

Complète ces noms de métiers par la bonne lettre.

☐ OLICEMAN

☐ AINTER

☐ CTOR

Jobs

Les métiers

piste 62 Écoute plusieurs fois la comptine et essaie de repérer le mot **baker**.

When I'm older,
I wonder, wonder
what my job will be.
Will I be a doctor?
Will I be a teacher?
Or will I be a baker
in a bakery?

Quand je serai grand,
je me demande
quel sera mon métier.
Serai-je docteur ?
Serai-je professeur ?
Ou bien serai-je boulanger
dans une boulangerie ?

MES MOTS D'ANGLAIS

DOCTOR

TEACHER

BAKER

Games and toys

Les jeux et les jouets

Nous nous amusons bien ! Relie chacun de mes amis au nom du jouet qu'il a choisi.

TEDDY BEAR | DOMINOES | DOLL | CAR | PRAM

piste 63 MES MOTS D'ANGLAIS

CAR

DOMINOES

DOLL

TEDDY BEAR

PRAM

Entraîne-toi à écrire le mot **TOY**.

TOY TOY

Planting and watering

Planter et arroser

Il fait beau. Des amis ont décidé de jardiner.
Mais deux d'entre eux ont des outils un peu étranges !
Trouve-les puis entoure leurs noms.

WATERING CAN SPADE BUCKET RAKE

piste 64 **MES MOTS D'ANGLAIS**

Ces deux mots commencent par la même lettre. Trouve-la et ajoute-la.

☐ O O T S

☐ U C K E T

Farm animals

Les animaux de la ferme

En voilà une drôle de ferme ! Entoure en bleu les noms des animaux de la ferme et en rouge le nom de l'intrus.

DONKEY HEN KANGAROO DUCK CHICK

MES MOTS D'ANGLAIS

piste 65

Combien de poussins (**chicks**) comptes-tu ? Entoure la réponse.

5

6

7

Hello cow!

Salut la vache !

piste 66 Écoute plusieurs fois la comptine.
Quel est le cri de la vache en anglais ?

Hello cow,
have you got
any milk for me?
Moo, moo!
Yes, I do,
it's nice and creamy,
and it's all for you!

Salut la vache,
as-tu du lait
pour moi ?
Meuh, meuh !
Oui, j'en ai,
du bon lait
bien crémeux,
et c'est pour toi !

MES MOTS D'ANGLAIS

COW

MILK

CREAMY

Beautiful or ugly?

Belle ou laide ?

Emma et son amie Tess sont très coquettes. Que portent-elles pour être encore plus belles (**beautiful**) ? Entoure en bleu les noms des bijoux que porte Emma et en rouge les noms de ceux que porte Tess.

BRACELET NECKLACE EARRINGS RING

piste 67 **MES MOTS D'ANGLAIS**

NECKLACE

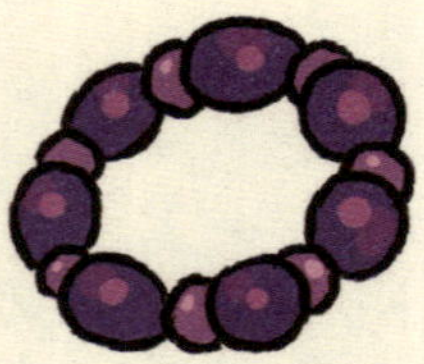

BRACELET

RING

EARRINGS

Barre le personnage que tu trouves laid (**ugly**) et entoure celui que tu trouves beau (**beautiful**).

The prince and his princess

Le prince et sa princesse

Quel beau château (**castle**) ! Trouve les 5 différences entre ces deux dessins et entoure-les.

piste 68

MES MOTS D'ANGLAIS

Ajoute une couronne (**crown**) à cette belle princesse.

Christmas and Hallowe'en

Noël et Halloween

Lucas, Noah et Emma fêtent Halloween à l'école. En quoi se sont-ils déguisés ? Relie chacun d'eux à l'étiquette qui convient.

SKELETON GHOST WITCH

MES MOTS D'ANGLAIS

piste 69

GHOST

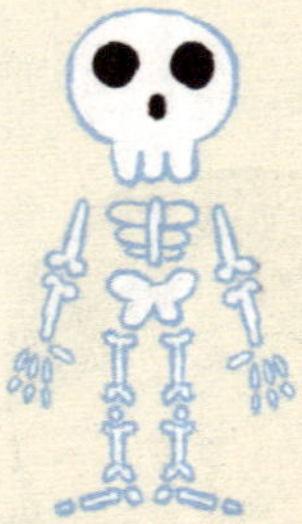

SKELETON

WITCH

CHRISTMAS TREE

FATHER CHRISTMAS

Décore le sapin en dessinant des boules et des guirlandes.

Hallowe'en song

La chanson d'Halloween

piste 70 Écoute plusieurs fois la comptine et essaie de repérer le mot **sweets**.

"Trick or treat?"
Can you repeat it?
"Trick or treat?"
"Give me some sweets,
and I won't play
any tricks."

« Mauvais sort ou friandise ? »
Peux-tu répéter ?
« Mauvais sort ou friandise ? »
« Si tu me donnes des bonbons,
je ne te lancerai pas
de mauvais sort. »

MES MOTS D'ANGLAIS

TRICK

REPEAT

SWEET

For lunch

Pour le déjeuner

4 différences se sont glissées dans l'image. Trouve-les et entoure-les.

piste 71

MES MOTS D'ANGLAIS

HAM

ICE CUBE

NAPKIN

COCONUT

BOTTLE

Colorie les lettres dont tu as besoin pour écrire le mot **BOTTLE**.

B W S O I T T E L

Black or white?

Noir ou blanc ?

Mon ami Lucas est au zoo aujourd'hui. Mais devant l'enclos du panda (**panda**), il est bien intrigué : l'animal a perdu toutes ses taches ! Colorie-le en suivant le code.

★ BLACK

piste 72 MES MOTS D'ANGLAIS

PANDA

BASKET

BELL

SHELL

Entoure ce qui est blanc (**white**).

In the bathroom

Dans la salle de bains

Que doit utiliser Lucas pour se brosser les dents ? Entoure les objets et relie-les à leurs étiquettes.

SOAP TOOTHPASTE TOOTHBRUSH

piste 73

MES MOTS D'ANGLAIS

Barre ce que tu ne peux pas trouver dans une salle de bains.

SHOWER

TELEPHONE

Clean or dirty?

Propre ou sale ?

piste 74 Écoute plusieurs fois la comptine.
Que fait le bruit de l'eau en anglais ?

This little pig is very dirty!
This little pig is going to wash.
Brush and scrub, splash, splash!
I feel clean as a new pin!

Ce petit cochon est très sale !
Ce petit cochon va se laver.
Brosse et frotte, plouf, plouf !
Je suis propre comme un sou neuf !

MES MOTS D'ANGLAIS

DIRTY

CLEAN

WASH

BRUSH

PIG

At the supermarket
Au supermarché

Relie chaque étiquette à la place qui correspond sur le dessin.

TROLLEY VEGETABLES FRUIT CAN PLASTIC BAG

piste 75 **MES MOTS D'ANGLAIS**

CAN

FRUIT

VEGETABLES

TROLLEY

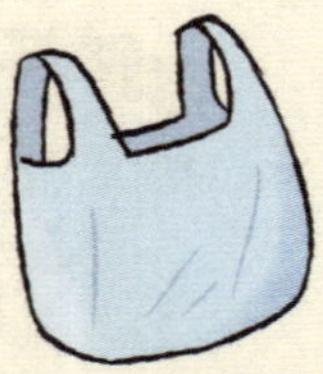
PLASTIC BAG

Entraîne-toi à écrire **TROLLEY**.

TROLLEY

TROLLEY

where do they work?

Où travaillent-ils ?

Ces personnages se sont perdus. Relie chacun d'eux à l'endroit où il travaille.

mechanic

clown

doctor

teacher

piste 76

MES MOTS D'ANGLAIS

CLOWN

DOCTOR

FIREMAN

MECHANIC

TEACHER

DENTIST

Relie chaque personnage à l'étiquette qui lui correspond.

FIREMAN

DENTIST

Days

Les jours

Trouve les 4 jours qui se cachent dans cette grille :
MONDAY, TUESDAY, FRIDAY, SUNDAY.

M	O	N	D	A	Y	A	F
P	C	I	E	L	W	M	R
T	U	E	S	D	A	Y	I
C	J	R	Z	E	Y	A	D
A	S	U	N	D	A	Y	A
Y	A	O	L	N	I	S	Y

Entraîne-toi à écrire le mot **SUNDAY**.

SUNDAY SUNDAY

piste 77

MES MOTS D'ANGLAIS

MONDAY TUESDAY WEDNESDAY THURSDAY FRIDAY SATURDAY SUNDAY

Hello and goodbye

Bonjour et au revoir

piste 78 Écoute plusieurs fois la comptine.
Est-ce le Soleil ou la Lune qui parle ?

I say hello,
she says goodbye!
If I'm here,
it's daylight.
If I'm there,
your eyes are shut tight
and it's night.
Who is she? Who am I?

Je dis bonjour,
elle dit au revoir !
Si je suis ici,
il fait jour.
Si je suis là-bas,
tes yeux sont fermés
et c'est la nuit.
Qui est-elle ? Qui suis-je ?

MES MOTS D'ANGLAIS

HELLO

GOODBYE

NIGHT

Purple or white?

Violet ou blanc ?

Relie les dessins à l'étiquette qui correspond.

PURPLE WHITE

piste 79

MES MOTS D'ANGLAIS

SHEEP

EGGPLANT

SUGAR

MILK

GRAPES

Barre ce qui n'est pas violet (**purple**).

GRAPES

SUGAR

Shapes
Les formes

Ce clown porte un drôle de vêtement. Compte les carrés (**squares**), les triangles (**triangles**) et les rectangles (**rectangles**) et inscris leur nombre dans les cases.

SQUARES

TRIANGLES

RECTANGLES

piste 80 MES MOTS D'ANGLAIS

Lucas aime faire des bulles. Dessine-les en repassant sur les cercles (**circles**) en pointillés.

Musical instruments
Les instruments de musique

Quel bel orchestre ! Tous les enfants jouent en même temps. Un instrument n'a pas été choisi par mes copains. Lequel ? Entoure la réponse.

TRUMPET

GUITAR

DRUMS

PIANO

FLUTE

piste 81

MES MOTS D'ANGLAIS

DRUMS

PIANO

TRUMPET

GUITAR

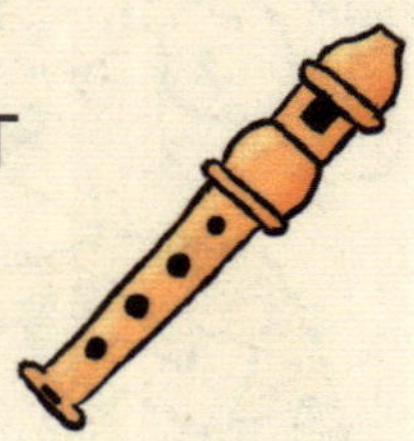

FLUTE

Relie les lettres du mot **TRUMPET** pour compléter le dessin.

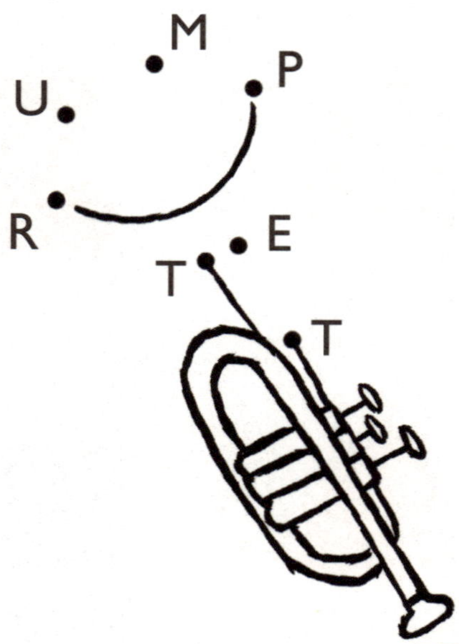

In the sky

Dans le ciel

piste 82 Écoute plusieurs fois la comptine et repère le mot **sky**.

I'd love to fly
up in the sky.
But how can I?
It's easy for the birds,
it's easy for the planes,
but not for me!

J'aimerais tant voler
haut dans le ciel.
Mais comment y arriver ?
C'est facile pour les oiseaux,
c'est facile pour les avions,
mais pas pour moi !

MES MOTS D'ANGLAIS

FLY

SKY

BIRD

PLANE

In town

En ville

Je dois faire des courses en ville avec Maman Ann. Mais où est le magasin ? Colorie la bonne étiquette pour nous montrer le chemin.

piste 83 MES MOTS D'ANGLAIS

CHURCH

SHOP

BANK

STADIUM

STATION

Colorie les lettres qui composent le mot **SHOP**.

P H O

A L

S E

Town or country?

La ville ou la campagne ?

Drôles de ville (**town**) et de campagne (**country**) ! Entoure tout ce qui te paraît étrange dans ces deux dessins.

piste 84

MES MOTS D'ANGLAIS

TRAFFIC LIGHT

BUS STOP

TRACTOR

TOWN

COUNTRY

Où peut-on voir des arrêts de bus ? Colorie la réponse.

TOWN

COUNTRY

Round or flat?

Rond ou plat ?

Pour sa nouvelle invention, papi Léon a besoin d'un objet rond (**round**) et qui rebondit. Peux-tu le trouver ? Écris son nom.

....

piste 85 MES MOTS D'ANGLAIS

Combien d'objets ronds (**round**) comptes-tu ? Entoure la réponse.

2

3

4

In the forest

Dans la forêt

piste 86 Écoute plusieurs fois la comptine et essaie de repérer le mot **bird**.

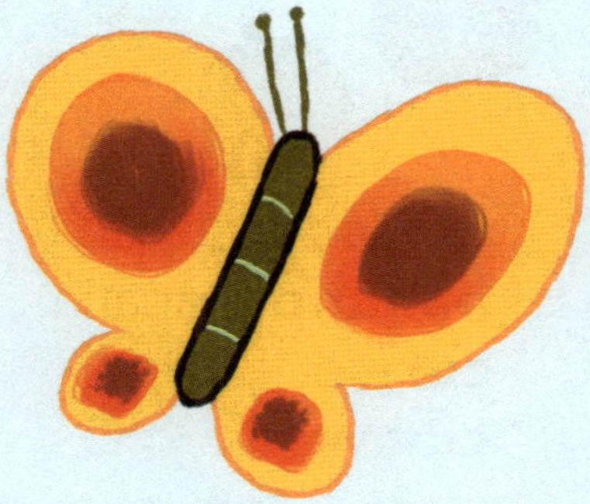

Look! Who's flying?
It's the butterfly.
Listen! Who's singing?
It's the bird.
Touch! What is it?
It's a rabbit.

Regarde ! Qui vole ?
C'est le papillon.
Écoute ! Qui chante ?
C'est l'oiseau.
Touche ! Qu'est-ce que c'est ?
C'est un lapin.

MES MOTS D'ANGLAIS

LOOK

LISTEN

TOUCH

TOUS MES MOTS D'ANGLAIS CLASSÉS PAR THÈMES

Les fruits
Fruit

abricot apricot 40
banane banana 58
cerise cherry 49
citron lemon 58
châtaigne chestnut 63
fraise strawberry 35, 49
framboise raspberry 35
melon melon 88
noix de coco coconut 74
orange orange 40
pastèque watermelon 62
poire pear 41
pomme apple 41
prune plum 41
raisins grapes 82

Les légumes
Vegetables

aubergine eggplant 82
carotte carrot 40
champignon mushroom 59
citrouille pumpkin 54
concombre cucumber 40
épinard spinach 59
haricots verts green beans 41
laitue lettuce 40
maïs corn 59
oignon onion 59
pomme de terre potato 26, 41
tomate tomato 35

Quelques aliments
Some food

beurre butter 31, 58
biscuit cookie 26, 88
bonbon sweet 22, 43, 73
céréales cereals 12
chocolat chocolate 31
confiture jam 31
frites chips 59
fromage cheese 62
glace ice cream 44
hamburger hamburger 62
jambon ham 74
miel honey 31
œuf egg 14
pain bread 14
poulet chicken 12
soupe soup 26
steak steak 26
sucre sugar 82
toast toast 12

Les boissons
Drinks

café coffee *44*
chocolat chaud cocoa *12*
eau water *14*
glaçon ice cube *74*
jus de pomme apple juice *26, 62*
jus d'orange orange juice *14*
lait milk *12, 62, 69, 82*
thé tea *14*

À la maison
At home

canapé sofa *24*
escalier stairs *6*
fauteuil armchair *8, 24*
fenêtre window *6*
lit bed *7, 15, 24*
maison house *6, 9, 47*
mur wall *6*
porte door *6, 9*
sol floor *6*
tapis carpet *7*
téléphone telephone *76*
télévision TV *8, 15*

Dans la cuisine
In the kitchen

assiette plate *50, 88*
bol bowl *46*
bouteille bottle *46, 74*
chaise chair *7*
couteau knife *50*
cuillère spoon *50*
fourchette fork *50*
pichet jug *46*
réfrigérateur fridge *7*
serviette de table napkin *74*
table table *7*
tasse cup *46*
verre glass *46, 50*

Dans la salle de bains
In the bathroom

baignoire bath *8*
brosse à dents toothbrush *34, 76*
dentifrice toothpaste *76*
douche shower *76*
miroir mirror *8*
savon soap *76*
serviette de toilette towel *8*

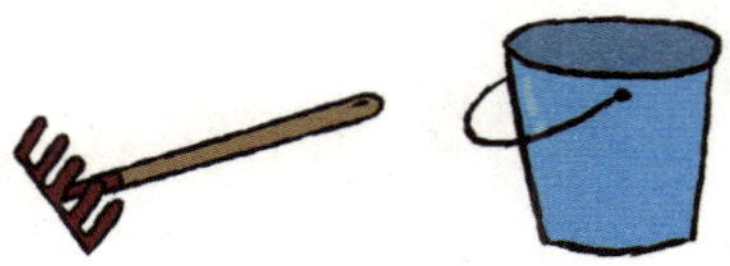

Dans le jardin
In the garden

arrosoir watering can *67*
niche kennel *47*
pelle spade *45, 67*
râteau rake *67*
seau bucket *45, 67*

La nature
Nature

campagne country 87
chemin path 63
ciel sky 85
coquelicot poppy 35
coquillage shell 37, 75
désert desert 44
étoile star 54
feuille leaf 19
fleur flower 19
herbe grass 19
mer sea 18, 37
neige snow 44
nuit night 81
plage beach 37
pluie rain 19
rose (fleur) rose 35
sable sand 37, 45
soleil sun 18
tronc trunk 63
vent wind 19

Les animaux
Animals

âne donkey 68
araignée spider 54
canard duck 68
chat cat 27
chauve-souris bat 54
cheval horse 71
chien dog 27
cochon pig 9, 28, 77
crocodile crocodile 28
dauphin dolphin 28
dinosaure dinosaur 51
éléphant elephant 30
escargot snail 30
girafe giraffe 13, 47
grenouille frog 36
hippopotame hippo 29
kangourou kangaroo 68
lapin rabbit 30
lion lion 13, 29
mouton sheep 82
oiseau bird 27, 85
ours bear 63
panda panda 75
papillon butterfly 27
poisson fish 28
poule hen 68
poussin chick 68
renard fox 51
rhinocéros rhino 63
serpent snake 34
singe monkey 13, 29
souris mouse 27, 47
tigre tiger 13, 30
tortue tortoise 30
vache cow 28, 69
zèbre zebra 13

La famille
Family

femme woman 38
fille girl 38
frère brother 4
grands-parents grandparents 4

homme man *38*
maman mummy *5*
mamie grandma *5*
mère mother *4*
papa daddy *5*
papy grandpa *5*
père father *4*
sœur sister *4*

Le corps et le visage
Body and face

bouche mouth *16*
bras arm *17*
cheveux hair *16*
doigt finger *17*
jambe leg *17*
main hand *17*
nez nose *16*
œil eye *16*
ongle nail *17*
oreille ear *16*

Les vêtements et accessoires
clothes and accessories

bottes boots *67*
casquette cap *11*
chapeau hat *11*
chaussettes socks *10*
chaussons slippers *11*
chaussures shoes *11*
chemise shirt *10*
cravate tie *10*
jupe skirt *10*
parapluie umbrella *58*
robe dress *10, 71*

Les bijoux
Jewels

bague ring *70*
boucles d'oreilles earrings *70*
bracelet bracelet *70*
collier necklace *70*
couronne crown *71*

Les métiers
Jobs

acteur actor *64*
boulanger baker *65*
clown clown *36, 79*
dentiste dentist *79*
docteur doctor *65, 79*
infirmière nurse *38*
mécanicien mechanic *79*
peintre painter *64*
pilote pilot *64*
policier policeman *64*
pompier fireman *79*
postier postman *38*
professeur teacher *25, 65, 79*

Les moyens de transport
Transport

avion plane 85
bus bus 21
camion lorry 21
moto motorcycle 21
train train 34
voiture car 21

Les voyages
Trips

Big Ben 56
Buckingham Palace 56
Angleterre England 55
bus à impériale double decker 56
drapeau flag 55
France 55
garçon anglais English boy 55
tour Eiffel Eiffel tower 56

Les jeux et jouets
Games and toys

baguette magique magic wand 71
balle ball 61, 88
balle de tennis tennis ball 60
ballon de basket basket ball 60
ballon de football football 60
ballon de rugby rugby ball 60
billes marbles 58, 60
bonhomme de neige snowman 18
CD CD 15, 88
cerf-volant kite 43
dé dice 32
domino domino 66
hélicoptère helicopter 32, 43
landau pram 66
ours en peluche teddy bear 66
poupée doll 66
robot robot 32
vaisseau spatial spaceship 32
vélo bike 43
voiture car 32, 43, 66

Les instruments de musique
Musical instruments

batterie drums 84
flûte flute 84
guitare guitar 84
piano piano 84
trompette trumpet 84

Halloween et Noël
Hallowe'en and Christmas

bougie candle 22
cadeau present 22
cloche bell 75

fantôme ghost 72
fête party 22
le Père Noël Father Christmas 54, 72
sapin de noël christmas tree 72
squelette skeleton 72
sorcière witch 72

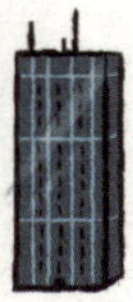

La ville
The town

arrêt de bus bus stop 87
banque bank 86
église church 86
feu de signalisation traffic light 87
gare station 86
stade stadium 86
tour tower 47

Les courses
shopping

argent money 57
chariot trolley 78
porte-monnaie purse 57
panier basket 57, 75
magasin shop 86
sac en plastique plastic bag 78

L'école
school

cahier exercise book 23
chiffres numbers 25
couleurs colours 25
crayon pencil 23
gomme rubber 23
lettres letters 25
livre book 9, 23
marqueur marker 24
règle ruler 34
stylo pen 23
tableau (d'école) board 24

Les formes
shapes

carré square 83
cercle circle 83
rectangle rectangle 83
triangle triangle 83

Les chiffres
Numbers

un one 20, 39
deux two 20, 39
trois three 20, 39
quatre four 20, 39
cinq five 20, 39
six six 39
sept seven 39
huit eight 39
neuf nine 39

Les couleurs
Colours

bleu blue 48
gris grey 48
jaune yellow 48
orange orange 48
rouge red 48, 49
vert green 48
violet purple 48

Les jours de la semaine
The days of the week

lundi Monday 80
mardi Tuesday 80
mercredi Wednesday 80
jeudi Thursday 80
vendredi Friday 80
samedi Saturday 80
dimanche Sunday 80

Les opposés
Opposites

bas down 61
haut up 61
chaud hot 18
froid cold 18
heureux happy 36
triste sad 36
gros fat 51
maigre thin 51
gros big 33
petit small 33
lent slow 33
rapide fast 33
propre clean 77
sale dirty 77

Les verbes
Verbs

boire drink 52
brosser brush 77
colorier colour 42
courir run 53
dormir sleep 52
écouter listen 42, 89
écrire write 42, 52
(se) laver wash 77
manger eat 52
monter à cheval ride 53
nager swim 53
parler speak 42
regarder look 42, 89
regarder la télévision watch TV 52
répéter repeat 73
sauter jump 53
toucher touch 89
voler fly 85

MIXTE
Papier issu de sources responsables
FSC® C022030
N° projet : 10237220
Dépôt légal : septembre 2017
Imprimé en France
par IME by Estimprim